GUÍA DE LECTURA

Escrita por Catherine Bourguignon
Traducida por Laura Bernal Martín

Seda

de Alessandro Baricco

ALESSANDRO BARICCO

ESCRITOR, MUSICÓLOGO, DRAMATURGO Y DIRECTOR DE CINE ITALIANO

- **Nacido en 1958 en Turín (Italia)**
- **Algunas de sus obras**:
  - *Tierras de cristal* (1991), novela
  - *Novecento* (1994), novela
  - *Seda* (1996), novela

Alessandro Baricco es un escritor, musicólogo, dramaturgo y director de cine italiano que nació en Turín en 1958. Su primera novela, *Tierras de cristal* (publicada en italiano en 1991) recibió el Premio Médicis Extranjero en 1995. En 1994 publica *Novecento*, un monólogo teatral. Dos años más tarde, con *Seda*, se impone como uno de los grandes escritores de nueva generación. Hoy en día colabora en periódico *La Repubblica* y es profesor en la escuela Holden, una escuela de técnica narrativa que fundó con unos amigos.

SEDA

UNA HISTORIA DE AMOR ENVUELTA DE MISTERIO

- **Género**: novela
- **Edición de referencia**: Baricco, Alessandro. 2001. *Seda*. Traducido por Xavier González Rovira y Carlos Gumpert. Barcelona: Salvat Editores / Anagrama
- **Primera edición**: 1996
- **Temáticas**: sericicultura, viaje, Japón, misterio, amor, nostalgia

Seda (*Seta* en italiano) es la tercera novela de Alessandro Baricco. Nada más publicarse, en 1996, se convirtió en un *best seller* en Italia, donde se vendieron más de 300.000 ejemplares. Ha sido traducida a 27 idiomas.

La historia arrastra al lector al corazón del comercio de gusanos de seda del siglo XIX: tras una epidemia que contamina los gusanos de seda de toda Europa, Hervé Joncour emprende cuatro expediciones a Japón para comprar huevos sanos que permitan que su pueblo pueda continuar con el comercio de la seda. Estos viajes le conducen a una singular suerte amorosa. Baricco nos ofrece una obra construida sobre el silencio, el reparo y la sutileza, marcada por un estilo de escritura muy particular. Un libro comparable a la propia vida de su protagonista: un «inexplicable espectáculo, leve» (Baricco 2001, cap. 60).

RESUMEN

En 1861, Hervé Joncour tiene 32 años y vive con su mujer Hélène en Lavilledieu, en la Francia meridional. Se dedica a una insólita profesión: compra y vende huevos de gusanos de seda. Para ello, viaja varios meses cada año a Siria y a Egipto y regresa con la mercancía. Durante el resto del tiempo, descansa. Sin embargo, ese año se extiende por casi todo el mundo una epidemia de pebrina (enfermedad del gusano de seda causada por un hongo): todos los huevos de gusano de seda están infectados. Baldabiou, el hombre que había comenzado con la cría en Lavilledieu y que había construido la primera hilandería, propone una solución: ir a Japón. Según él, el hecho de que la isla no hubiese permitido el acceso de extranjeros durante mucho tiempo garantizaba que la epidemia no les habría alcanzado. Los criadores de gusanos de seda deciden, por tanto, enviar a Hervé Joncour a Japón. Parte el día 6 de octubre.

Tras un largo viaje, llega al país e intenta comprar huevos de gusano de seda, pero enseguida se da cuenta de que le han dado huevos de pescado. Cuando va a marcharse, un hombre le alcanza y le dice que Hara Kei, el jefe de la aldea, quiere verle. Este, acompañado de una misteriosa joven, recibe a Hervé Joncour y le pide que explique quién es. El francés le cuenta, así, la historia de su vida, perturbado no obstante por la joven, cuya identidad Hara Kei se niega a revelar: «lo que vio, sin dejar de hablar, fue que aquellos ojos *no tenían sesgo oriental,* y que se hallaban dirigidos, con *una intensidad desconcertante,* hacia él» (Baricco 2001, cap. 14). Aún no es consciente de que toda su vida quedará marcada por el nostálgico recuerdo de aquella desconocida.

Cuando acaba la historia, Hara Kei le indica que le han vendido huevos de pescado, pero que, de ahora en adelante, podrá tener lo que desea. Cargado de huevos reales, Hervé Joncour emprende el camino de regreso y llega a Lavilledieu el primer día de abril. Los huevos que ha traído se revelan sanos, lo que permite que ese año la producción de seda sea extraordinaria.

Al año siguiente, durante un nuevo viaje a Japón, un día, cuando el criador está tomando un baño, llega una joven en lugar de una de las mujeres ancianas que lo lavaban normalmente: le venda los ojos y roza con los dedos los labios del hombre. Después, le da un papel con unos pocos ideogramas dibujados con tinta negra. El mensaje le inquieta, sobre todo cuando se entera en Villedieu de su significado gracias a Madame Blanche, una japonesa instalada en Nîmes: «Regresad o moriré» (Baricco 2001, cap. 27).

De vuelta en Francia, intenta retomar su vida cotidiana, pero no puede evitar pensar en la joven a la que conoció en Japón. No obstante, Hervé Joncour lleva por primera vez a su mujer Hélène de vacaciones a Niza y le dice que siempre la querrá.

A pesar de una inminente guerra civil en Japón, Baldabiou le pide a Hervé Joncour que vuelva a la isla. Este se marcha a primeros de octubre. Cuando llega ante Hara Kei, se encuentra con la joven delante de la pajarera. Ella le da la bienvenida en francés, a pesar de que el jefe le había dicho que no entendía la lengua. Una tarde, cuando vuelve a casa después de una fiesta, Hervé Joncour se vuelve a encontrar con la joven, que está acompañada de una mujer oriental. La mujer coloca la mano de Hervé Joncour sobre la de la joven y se marcha, dejándoles vivir una noche de amor. A la mañana siguiente, Hara Kei ha desparecido y ninguno de sus criados sabe cuándo regresará. Hervé Joncour espera dos días más, y después abandona la aldea y vuelve a Lavilledieu con su esposa. Cuando llega, se aísla y se las arregla para no ver a nadie. Entre julio y septiembre está con su mujer en Niza.

Un año más tarde estalla la guerra en Japón. Sorprendentemente, Hervé Joncour acude a Baldabiou para que le dé su opinión e insiste, a pesar de todo, en volver al país nipón. Baldaboiu le pregunta a Hervé Joncour cuál es el verdadero motivo que le lleva a realizar el viaje y este se lo cuenta todo. No ha olvidado a la joven. Se trata de un extraño sufrimiento: sentir nostalgia por algo que, sin embargo, no ha conocido, puesto que nunca ha escuchado su voz. Hélène, consciente de que su marido quiere volver a Japón con todas sus fuerzas, le pide que le prometa que regresará.

Cuando Hervé Joncour llega a la aldea de Hara Kei, descubre que ha sido devastada. La única persona con la que se encuentra es con un chico, que le guía durante varios días de camino, sin decir nada, hasta un grupo de aldeanos en que huyen. Sin embargo, Hara Kei no se alegra de ver a Hervé Joncour y le ordena que se marche. Este no ve a la joven, pero adivina que se encuentra en un palanquín adornado con jaulas con pájaros. A la mañana siguiente, el francés se encuentra a su guía muerto. Hara Kei le amenaza con un fusil y le explica que han matado al chico porque llevaba, o mejor dicho, porque era en sí mismo un mensaje de amor. En Japón, este es uno de los doce crímenes por los que un hombre puede ser condenado a muerte. Le ordena a Hervé que no vuelva nunca más.

Hervé Joncour logra comprar huevos, pero estos mueren antes de llegar a Lavilledieu. Por ello, para permitir que el pueblo tenga trabajo a pesar de la ausencia de huevos y, consecuentemente, de seda, les contrata a todos durante cuatro meses para que construyan un jardín alrededor de su casa.

Seis meses más tarde, recibe una carta en japonés y se apresura a que Madame Blanche se la traduzca. Es consciente, evidentemente, de que se la ha enviado la joven a la que conoció en Japón. Sin embargo, la ha escrito su mujer y Madame Blanche la ha traducido al japonés. Es una carta de amor y de despedida. Después, Hervé Joncour continúa con su tranquila vida junto a su mujer. Además, realizan cada año un pequeño viaje. En marzo de 1874, Hélène fallece. Cuando va a visitar su tumba, Hervé Joncour se encuentra una coronita de flores azules parecida a la que llevaba Madame Blanche. Va a ver a esta última y se entera de que fue Hélène quien le escribió la carta.

Hervé Joncour vive aún veintitrés años más, sin volver a alejarse de Lavilledieu, y dedica todo su tiempo al cuidado de su jardín.

ESTUDIO DE LOS PERSONAJES

HERVÉ JONCOUR

Tiene 32 años al comienzo de la historia. Es el personaje principal de la novela. Vive con su mujer en Lavilledieu, en la Francia meridional. No tienen hijos, y no son ni felices ni infelices. Se le presenta como un hombre tranquilo, indiferente y pasivo: «era, por lo demás, uno de esos hombres que prefieren *asistir* a su propia vida y consideran improcedente cualquier aspiración a *vivirla*» (Baricco 2001, cap. 4). Se deja guiar por Baldabiou, que le dicta sus elecciones vitales: su trabajo y su viaje a Japón. Solo se autoafirma una vez: aunque ha estallado la guerra, insiste en partir a Japón.

Allí, Hervé Joncour conoce a una misteriosa joven. Turbado por su mirada, se enamora a pesar de no saber casi nada de ella. Cuando vuelve a casa, hace todo lo que puede por retomar su vida, pero la joven y sus misterios ya nunca le abandonarán. Es un amor que nace del sufrimiento: siente nostalgia por algo que en realidad nunca ha conocido.

HÉLÈNE

Hélène es la mujer de Hervé Joncour. «Era una mujer alta, se movía con lentitud, tenía un largo cabello negro que nunca se recogía en la cabeza. Tenía una voz bellísima» (Baricco 2001, cap. 11).

Sobresale de este personaje, bastante discreto, una inmensa dulzura y una profunda humildad: cada vez que su marido regresa, ella le recibe con una intensa ternura y se obliga a no llorar a pesar de sus temores. La carta que le envía a Hervé Joncour es una terrible prueba de amor. Es ella, finalmente, quien de cierta forma posee la clave de la historia.

Además, siente un gran cariño por Baldabiou: aunque normalmente se muestra muy discreta, llora cuando él abandona el pueblo.

BALDABIOU

Baldabiou se presenta de algún modo como el sabio en el pueblo, puesto que lo sabe todo («Baldabiou conocía todas esas historias», Baricco 2001, cap. 10). Gracias a él, Lavilledieu se ha convertido en un importante centro de producción de seda. Asimismo, desempeña un importante papel en la vida de Hervé Joncour: le incita a lanzarse al mundo del comercio, a pesar de que su padre quería que tuviera una brillante carrera militar (al padre de Hervé Joncour, que dice: «Mi hijo Hervé, que dentro de dos días volverá a París, donde le espera una brillante carrera en nuestro ejército, si Dios y Santa Inés lo quieren», Baldabiou le responde: «Exacto. Sólo que Dios está ocupado en otra parte y Santa Inés detesta a los militares», Baricco 2001, cap. 7). También es él quien envía a Hervé Joncour a Japón. Además, parece que este último siempre sigue sus consejos: «dejaba que aquel hombre reescribiera ordenadamente su destino» (Baricco 2001, cap. 8). Con una sola excepción: cuando estalla la guerra en Japón y Baldabiou quiere evitar que Hervé Joncour vaya, este último se opone y emprende el viaje, a pesar del riesgo que supone.

Baldabiou es un personaje con un temperamento fuerte y original. Amante del billar, pasa su tiempo jugando solo, contra sí mismo, en la trastienda de un café. Fingía que había dos jugadores: uno bueno, «el sano», y otro malo, «el manco». Decía que el día en que «el manco» ganase la partida, se marcharía del pueblo (Baricco 2001, cap. 25). Y es esto lo que decide su marcha, a pesar de llevar viviendo en Lavilledieu muchos años: cuando, «el 16 de junio de 1871, en la trastienda del café Verdun, poco antes del mediodía, el manco acertó un golpe a cuatro bandas imposible, con efecto de retorno» (Baricco 2001, cap. 61), Baldabiou abandona el pueblo.

LA JOVEN

La joven que Hervé Joncour conoce en Japón está envuelta de misterio. Desde el primer momento en que la ve se fija en que «aquellos ojos no t[ienen] sesgo oriental» (Baricco 2001, cap. 14). Sin embargo, cuando le habla de ella a un inglés con el que se encuentra, este último afirma que no existen mujeres blancas en Japón (Baricco 2001, cap. 20). Además, la joven le habla en francés, a pesar de que Hara Kei afirma un minuto más tarde que ella no habla su lengua.

Suponemos que es la mujer o la hija de Hara Kei, pero no se dice nada claramente. En todo caso, él la protege y no parece querer compartirla: debido al intercambio del mensaje de amor, Hara Kei le ordena a Hervé Joncour no volver nunca más.

HARA KEI

Hara Kei es un hombre poderoso. Todo a su alrededor se muestra imponente y controla la llegada de todo extranjero a su aldea: la primera vez que Hervé Joncour llega a su territorio con el objetivo de comprar huevos, le dan huevos falsos; sólo después de haber conocido a Hara Kei podrá disfrutar de una mercancía real. Se dice de él que, «como cumpliendo un extraño precepto, a dondequiera que fuese, aquel hombre andaba en una soledad sin condiciones, y absoluta» (Baricco 2001, cap. 21).

CLAVES DE LECTURA

EL DECLIVE DE LA CRÍA DE GUSANO Y DE LA PRODUCCIÓN DE SEDA EN FRANCIA

Baricco sitúa su relato en el contexto del comercio de gusanos de seda en 1861. Lavilledieu es, en esa época, un gran centro de cría del gusano de seda (sericicultura), siendo esta la oruga de la mariposa *Bombix mori*, cuyo capullo proporciona la seda. Este trabajo artesanal estuvo muy presente en Francia hasta 1860. Después, debido al desarrollo de epidemias que diezmaron la población de gusanos de seda, la producción de capullos se redujo de forma casi exclusiva a Asia.

Debido a que el autor hace referencia a un contexto histórico y económico real, podemos considerar que *Seda* es, en cierta manera, una novela histórica. Este género se caracteriza por adoptar como telón de fondo acontecimientos reales, que mezcla con hechos y personajes ficticios. En este caso, los protagonistas proceden directamente de la imaginación del escritor.

EL ARTE DE COPIAR Y PEGAR

El texto de Alessandro Baricco está salpicado de pasajes idénticos que dotan de ritmo al relato:

- el contexto histórico, por ejemplo, se describe dos veces prácticamente de la misma manera: «Era 1861. Flaubert estaba escribiendo/estaba acabando *Salammbô*, la luz

eléctrica era todavía una hipótesis y Abraham Lincoln, al otro lado del océano, estaba combatiendo en una guerra cuyo final no vería» (Baricco 2001, cap. 1 y 11);
- de la misma forma, se cuenta cada viaje a Japón de forma prácticamente idéntica (Baricco 2001, cap. 12, 19, 31, 43);
- las tres primeras veces que emprende el viaje de regreso también se narran de forma prácticamente idéntica (Baricco 2001, cap. 17, 24, 38);
- finalmente, una misma frase se repite cada vez que Hervé Joncour vuelve a ver a la joven: «sus ojos no tenían sesgo oriental, y su cara era la cara de una muchacha joven» (Baricco 2001, cap. 14, 19, 33, 53).

Estos pasajes ofrecen puntos de referencia al lector y le permiten al autor describir rápidamente los viajes y poder concentrarse en algunos días, en un instante particular o en el intercambio de una mirada.

UN ESTILO DE ESCRITURA EN EL QUE LA FORMA VA UNIDA AL FONDO

Con una escritura simple, leve y poética, *Seda* parece imitar la delicada sutileza de la caligrafía japonesa: «Decía Baldabiou que a veces venían desde París para hacer el amor con Madame Blanche. Al regresar a la capital, lucían en la solapa de sus trajes de etiqueta pequeñas flores azules, las que ella llevaba siempre entre los dedos, como si fueran anillos» (Baricco 2001, cap. 28). Esta misma caligrafía se sitúa en el centro de la novela, ya que constituye el lenguaje codificado del mensaje de amor de la joven y de la larga carta de amor escrita por Hélène.

Asimismo, podemos comprar la dulzura de este breve relato con la de la seda, que se sitúa también en el centro de la obra, y más particularmente durante la misión inicial de Hervé Joncour. De esta forma, gracias a la escritura, forma y fondo se compenetran a la perfección.

UN «INEXPLICABLE ESPECTÁCULO, LEVE»

La expresión que utiliza Baricco para describir la forma en que Hervé Joncour percibe su propia vida (nos remitimos a las últimas palabras de la novela, capítulo 65: un «inexplicable espectáculo, leve») puede aplicarse al conjunto de la obra. Tal y como hace la poesía (ciertos capítulos, como el 28 o el 49, son muy breves y se asemejan, de hecho, a poemas), el relato no hace más que rozar los sentimientos o los hechos con la yema de los dedos, sin llegar a pronunciarlos realmente y sin dar nunca una explicación: por ejemplo, el amor obsesivo de Hervé Joncour por la joven es impalpable, y el amor que siente Hélène por su marido, con excepción de la carta, se apoya más en una dulzura imprecisa que en palabras o hechos concretos. El autor, de esta forma, deja paso a la imaginación del lector.

PISTAS PARA LA REFLEXIÓN

ALGUNAS PREGUNTAS PARA PROFUNDIZAR EN SU REFLEXIÓN...

- ¿Cómo resumiría el mensaje del libro en una sola frase?
- Describa la evolución psicológica de Hervé Joncour.
- Si llevase esta novela a la gran pantalla, ¿qué tipo de música utilizaría como banda sonora?
- Podemos afirmar que esta novela es, al igual que la propia vida de su protagonista, un «inexplicable espectáculo, leve». Explíquelo.
- ¿Podemos considerar que Hervé Joncour le ha sido infiel a su mujer, Hélène? Justifique su punto de vista.
- La joven a la que Hervé Joncour conoce en Japón es bastante misteriosa. ¿Qué sabe realmente el protagonista de ella? Describa la relación entre ambos personajes.
- ¿Cree que Hervé Joncour se ha enamorado realmente? ¿De quién y de qué?
- ¿Cómo podríamos describir la amistad que une al protagonista y a Baldabiou?
- El texto de Baricco comprende en varias ocasiones pasajes prácticamente idénticos. Según su opinión, ¿qué le lleva al autor a hacerlo?
- ¿Cuáles son los temas principales que se desarrollan en esta novela?

¡Su opinión nos interesa!
¡Deje un comentario en la página web de su librería en línea,
y comparta sus favoritos en las redes sociales!

PARA IR MÁS ALLÁ

EDICIÓN DE REFERENCIA

- Baricco, Alessandro. 2001. *Seda*. Traducido por Xavier González Rovira y Carlos Gumpert. Barcelona: Salvat Editores/Anagrama.

ResumenExpress.com

Muchas más guías para descubrir tu pasión por la literatura

www.resumenexpress.com